Learning How to Sing in Spanish

Children's Learn Spanish Books

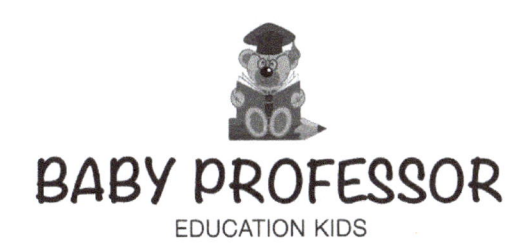

BABY PROFESSOR
EDUCATION KIDS

Speedy Publishing LLC
40 E. Main St. #1156
Newark, DE 19711
www.speedypublishing.com

Copyright 2016

All Rights reserved. No part of this book may be reproduced or used in any way or form or by any means whether electronic or mechanical, this means that you cannot record or photocopy any material ideas or tips that are provided in this book

Itzi, bitzi araña

(Itzy Bitzy Spider)

Itzi, bitzi arana

The itsy bitsy spider

Itzi,bitzi arana

Tejio su telarana

Climbed up the waterspout

Tejio su telarana

Vino la lluvia

Down came the rain

Vino la lluvia

Y se la llevo.

And washed the spider out

Y se la llevo.

Salio el sol

Out came the sun

Salio el sol

Se seca la lluvia.

And dried up all the rain

Se seca la lluvia.

Y itzi, bitzi arana,
Otra vez subió

And the itsy bitsy spider, Climbed the spout again

Y itzi,bitzi arana,

Otra vez subió

Cabeza y hombros, pierna y pies

(Heads, Shoulders, Knees and Toes)

Cabeza y hombros, pierna y pies

Head and shoulders knees and toes

Cabeza y hombros,

pierna y pies

Pierna y pies, pierna y pies

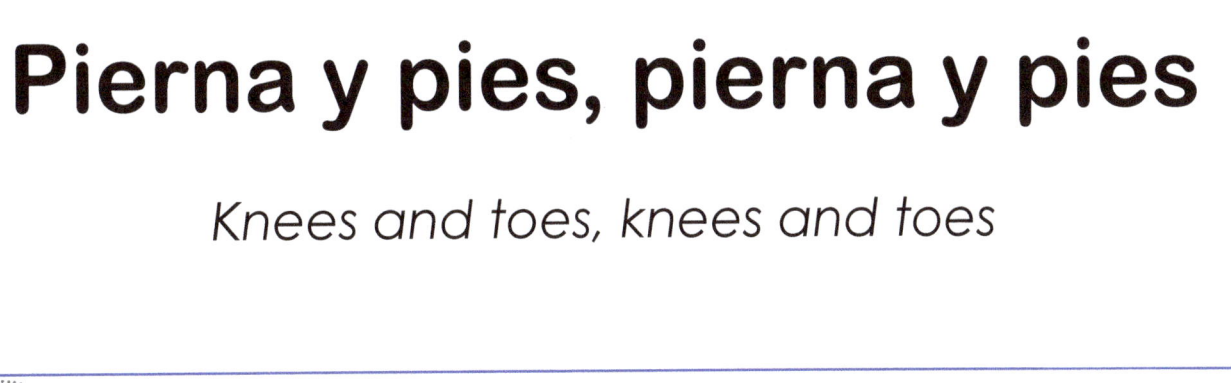

Knees and toes, knees and toes

Pierna y pies, pierna y pies

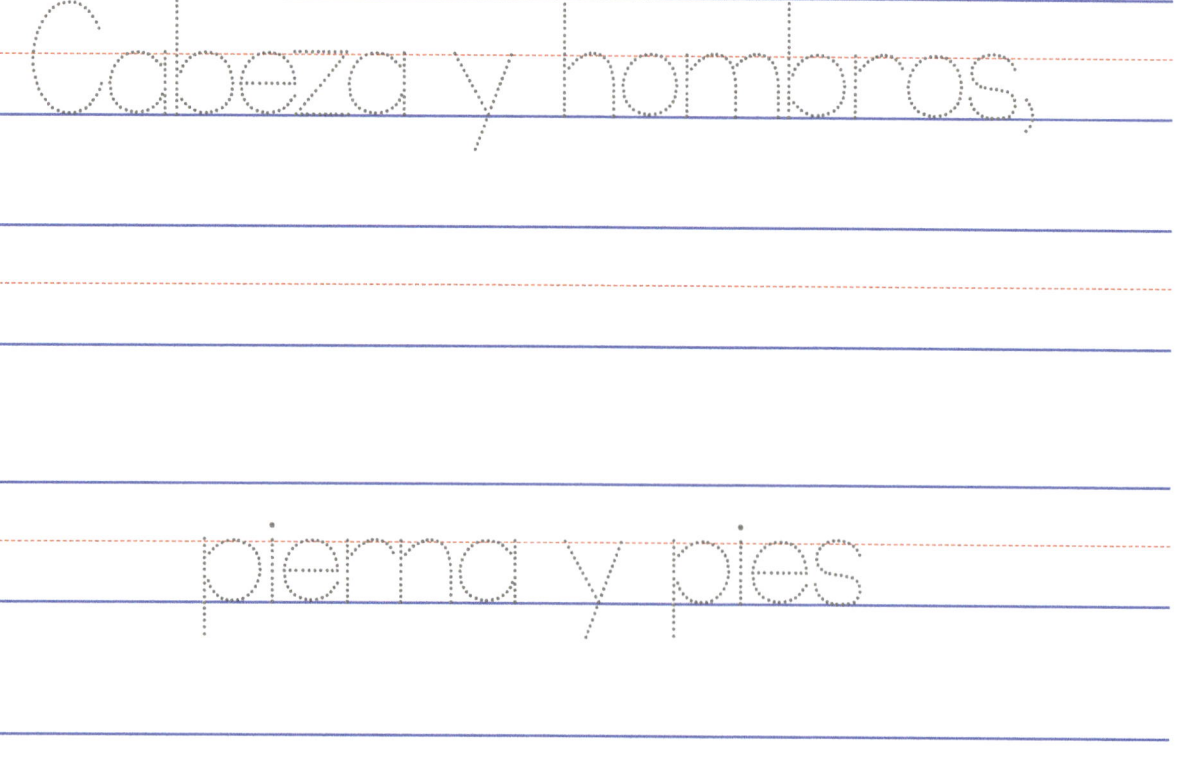

Cabeza y hombros, pierna y pies

Head shoulders knees and toes

Cabeza y hombros

pierna y pies

Pierna y pies, pierna y pies

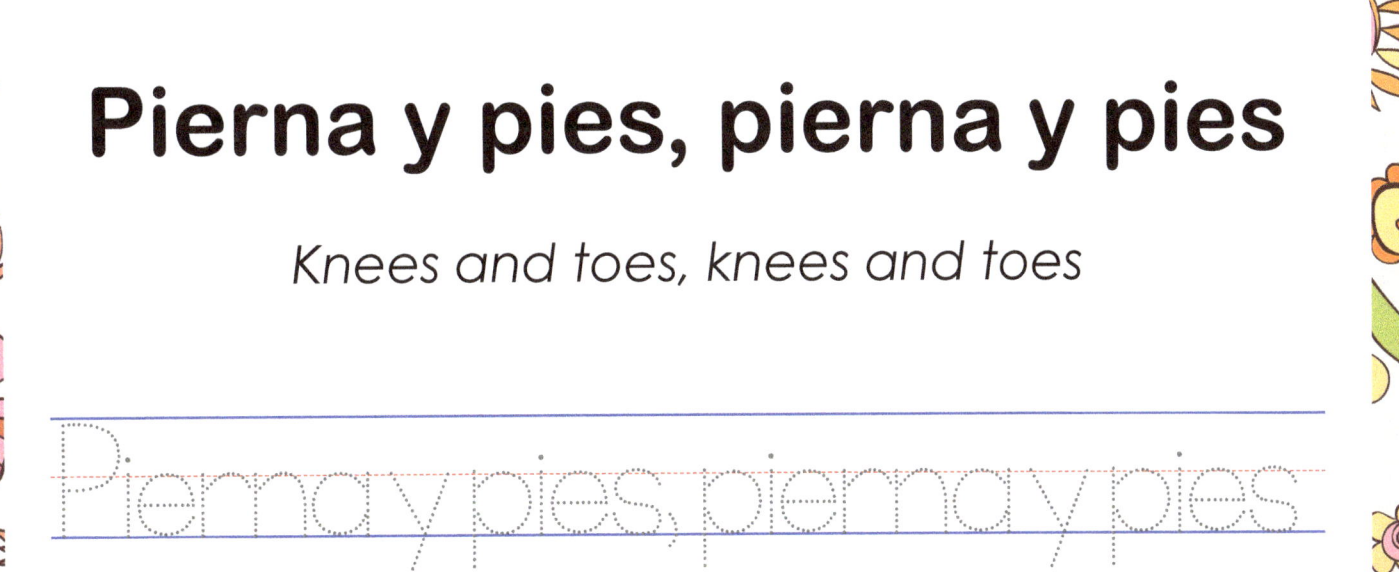

Knees and toes, knees and toes

Pierna y pies, pierna y pies

Cara, ojos, boca, nariz

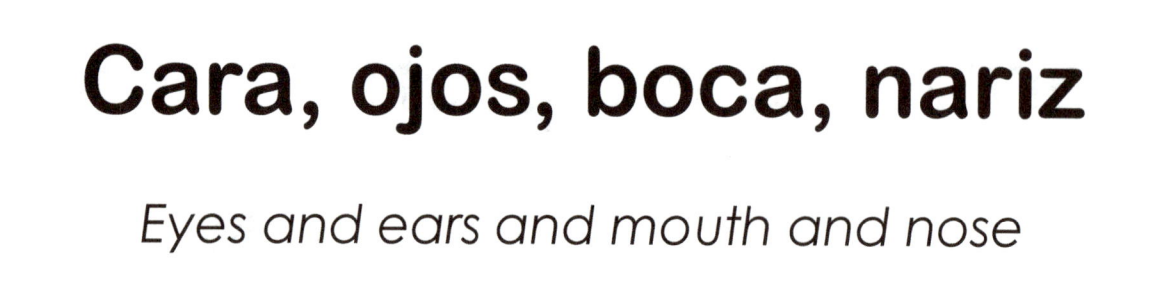

Eyes and ears and mouth and nose

Cara, ojos, boca, nariz

Cabeza y hombros, pierna y pies

Head and shoulders knees and toes

Cabeza y hombros

pierna y pies

Pierna y pies

Knees and toes

Pierna y pies

Brilla Brilla pequeña estrella

(Twinkle Twinkle Little Star)

Brilla Brilla pequeña estrella

Twinkle, twinkle, little star,

Brilla Brilla

pequeña estrella

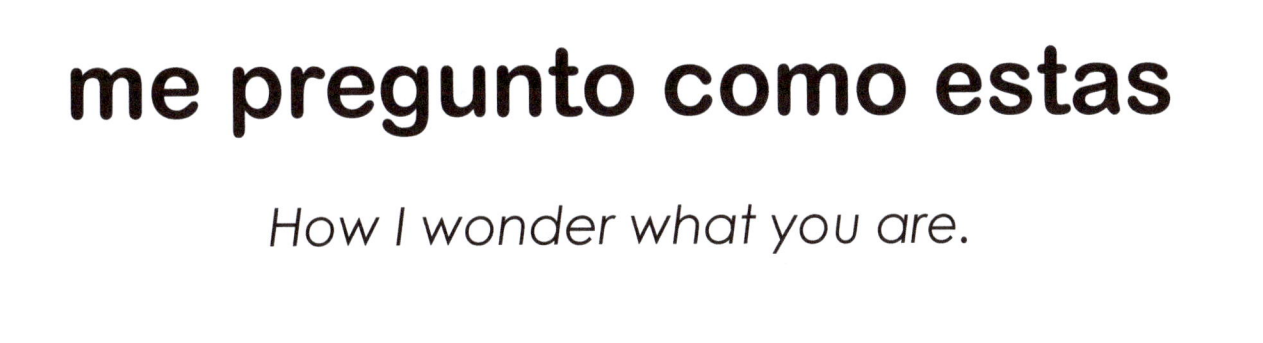

me pregunto como estas

How I wonder what you are.

me pregunto como estas

en lo alto sobre el mundo

Up above the world so high,

en lo alto sobre el mundo

como un diamante en el cielo

Like a diamond in the sky.

como un diamante

en el cielo

Brilla, brilla pequeña estrella

Twinkle, twinkle, little star,

Brilla, brilla

pequeña estrella

me pregunto como eres !

How I wonder what you are!

me pregunto como eres !

cuando el resplandeciente sol se va

When the blazing sun is gone,

cuando el resplandeciente

sol se va

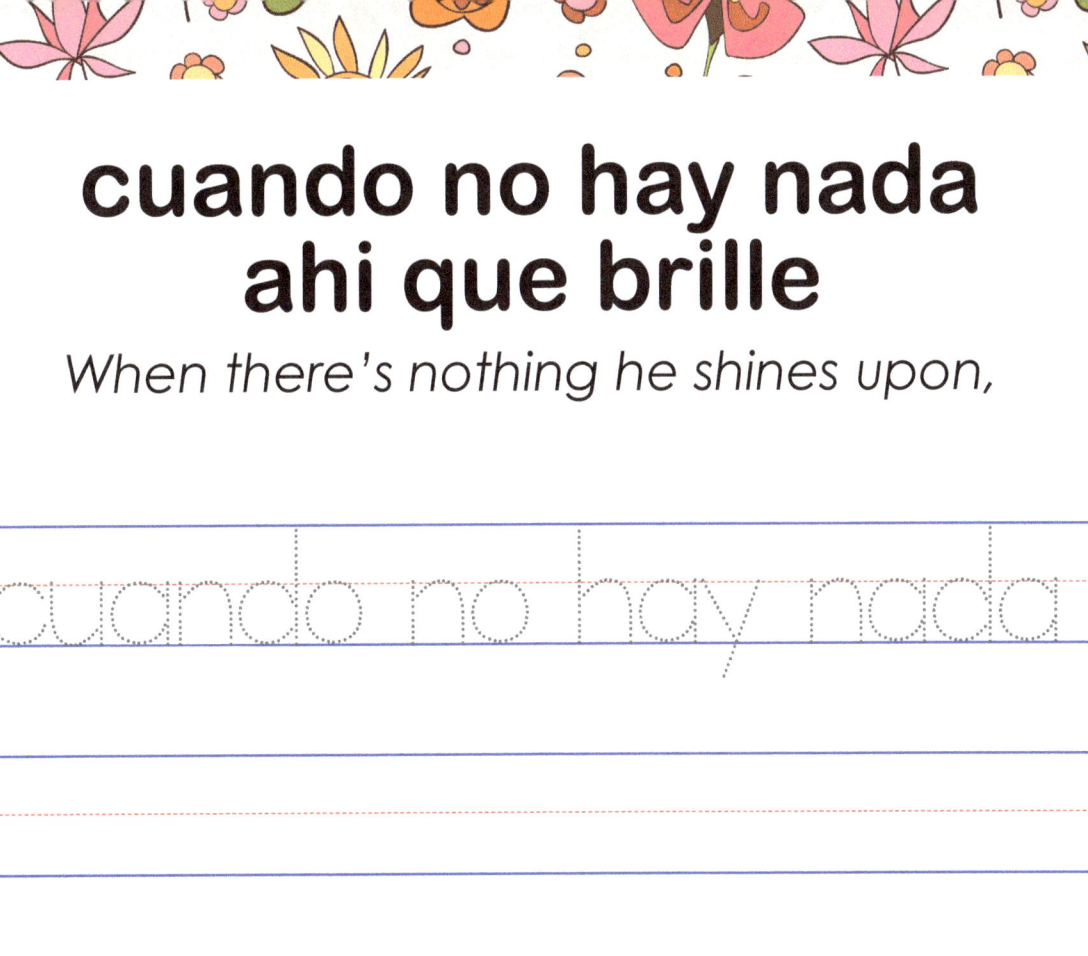

cuando no hay nada ahi que brille

When there's nothing he shines upon,

cuando no hay nada

ahi que brille

entonces tu muestras tu pequeñita luz

Then you show your little light,

entonces tu muestras

tu pequeñita luz

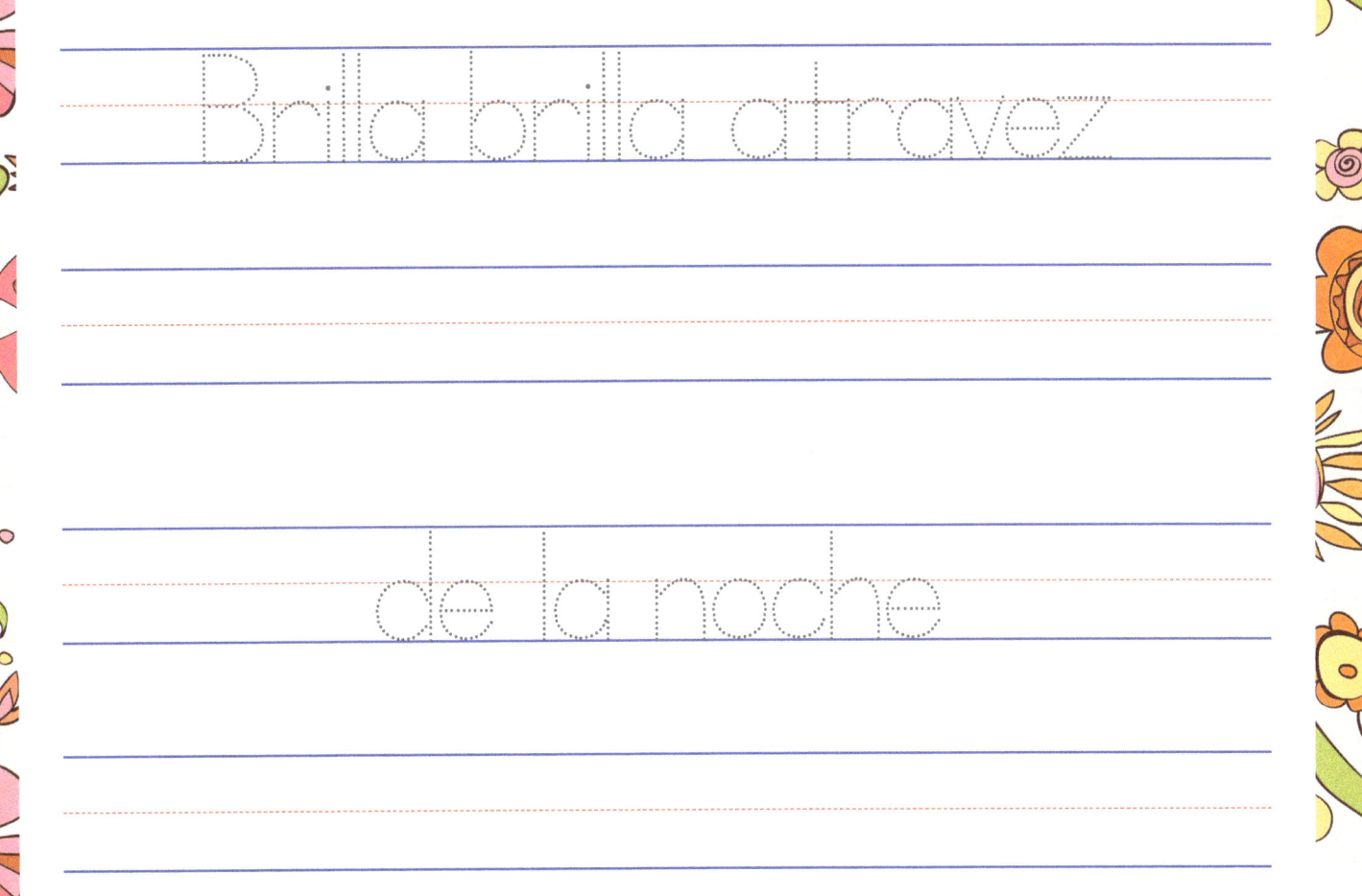

Brilla brilla atravez de la noche

Twinkle, twinkle, through the night.

Brilla brilla atravez

de la noche

Brilla brilla pequeña estrella

Twinkle, twinkle, little star,

Brilla, brilla

pequeña estrella

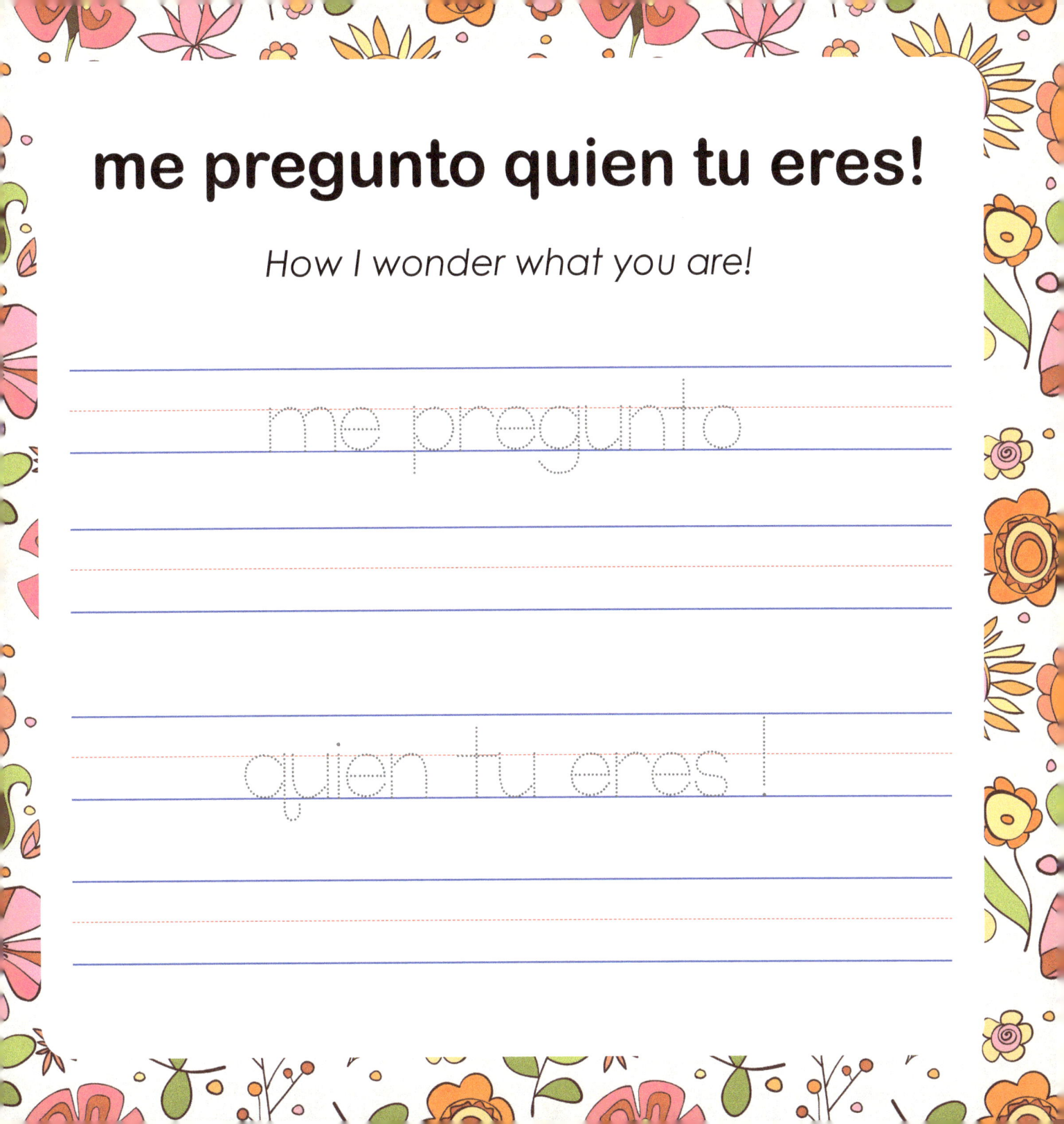

me pregunto quien tu eres!

How I wonder what you are!

me pregunto

quien tu eres!

en el obscuro cielo
azul tan profundo

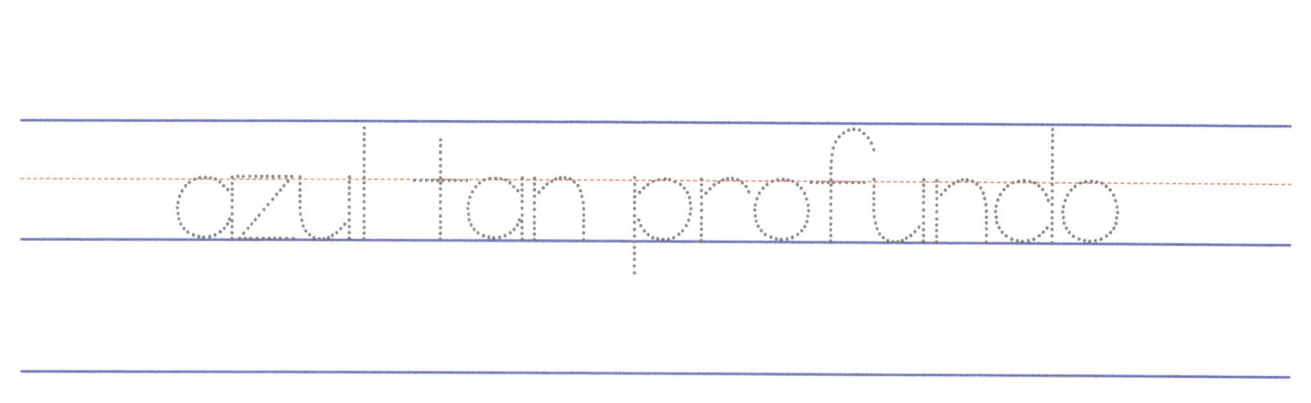

In the dark blue sky so deep

en el obscuro cielo

azul tan profundo

atravez de mis cortinas a menudo las veo

Through my curtains often peep

atravez de mis cortinas

a menudo las veo

para nunca cerrar los ojos

For you never close your eyes

para nunca

cerrar los ojos

hasta la mañana cuando el sol se levanta

Til the morning sun does rise

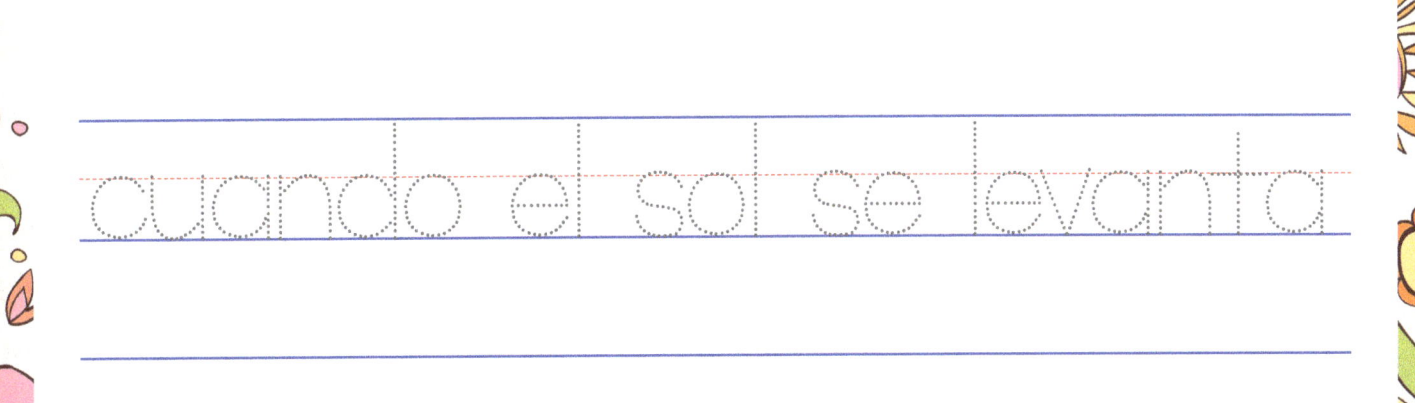

hasta la mañana

cuando el sol se levanta

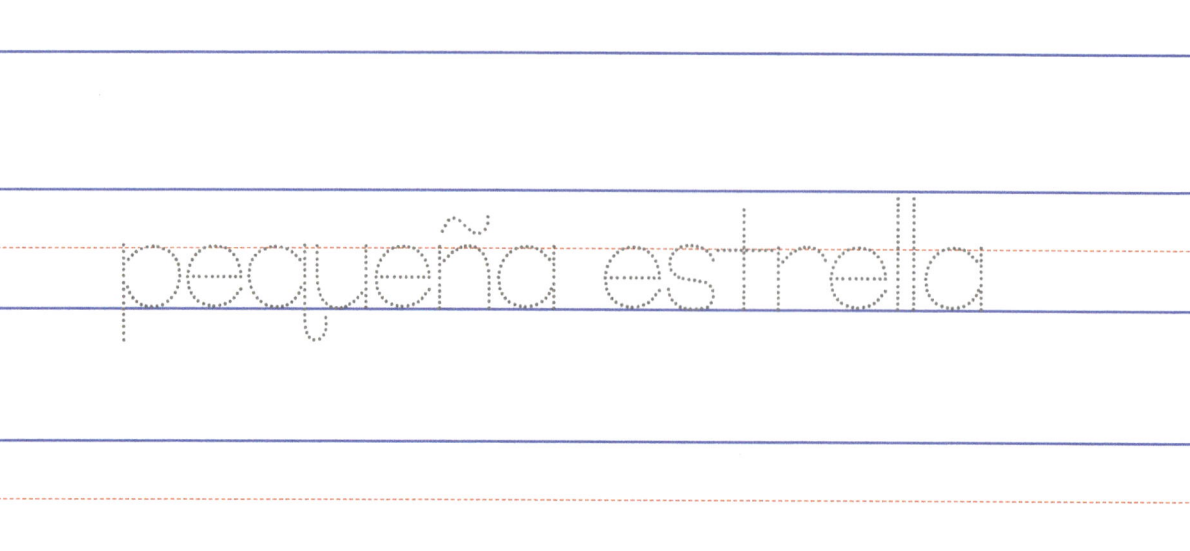

brilla, brilla pequeña estrella

Twinkle, twinkle, little star

brilla, brilla

pequeña estrella

me pregunto quien tu eres !

How I wonder what you are

me pregunto

quien tu eres !

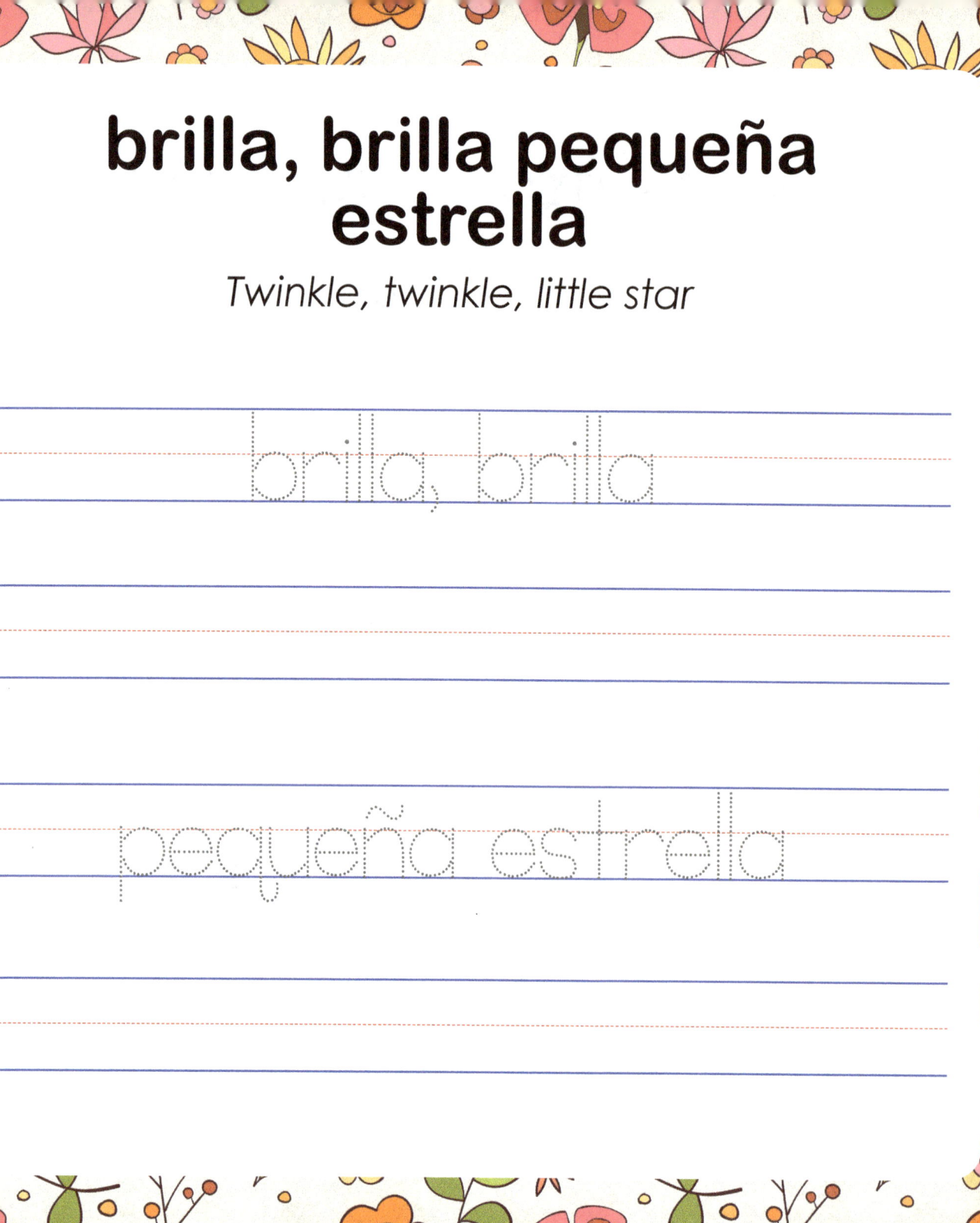

brilla, brilla pequeña estrella

Twinkle, twinkle, little star

brilla, brilla

pequeña estrella

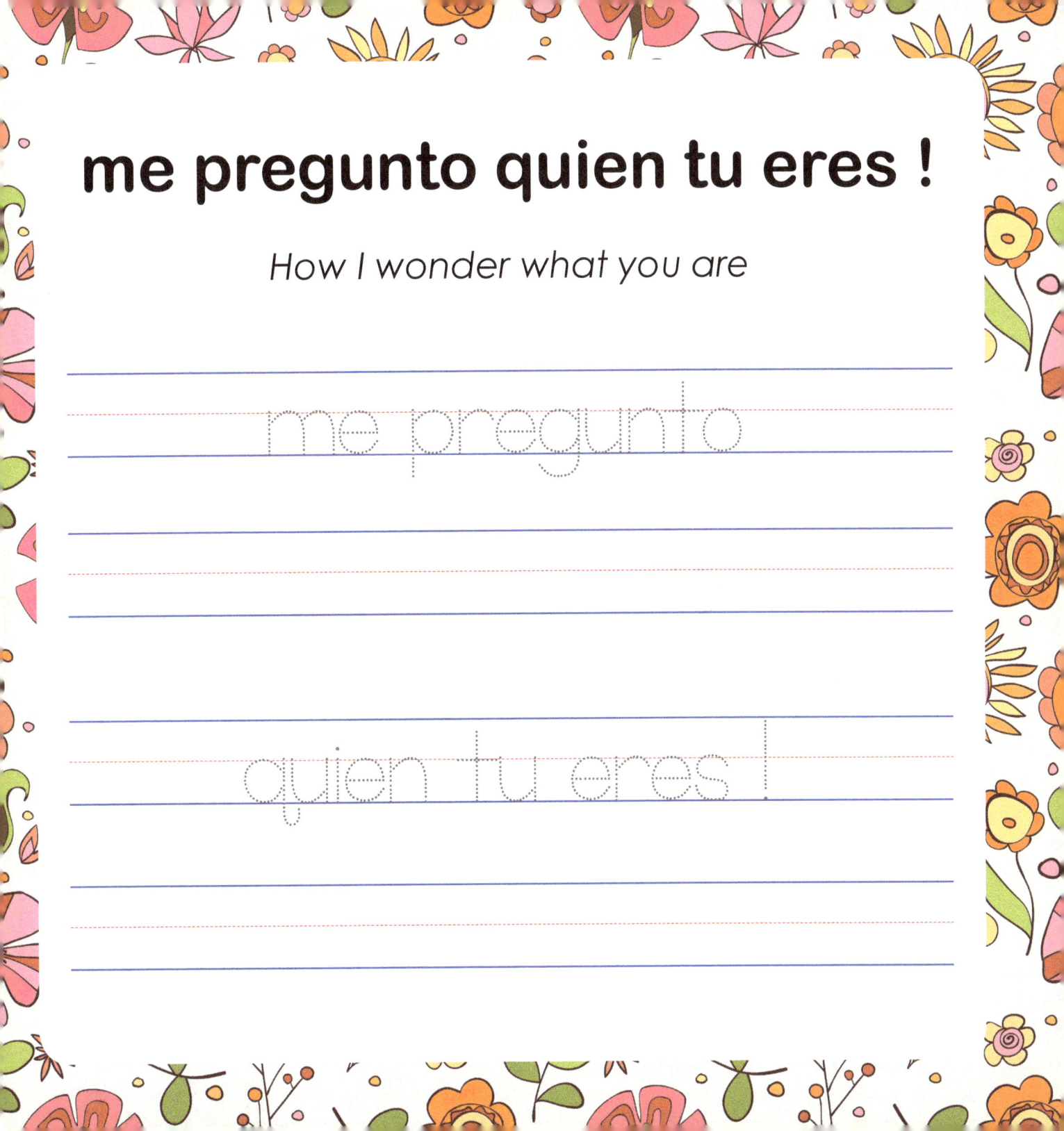

me pregunto quien tu eres !

How I wonder what you are

me pregunto

quien tu eres !

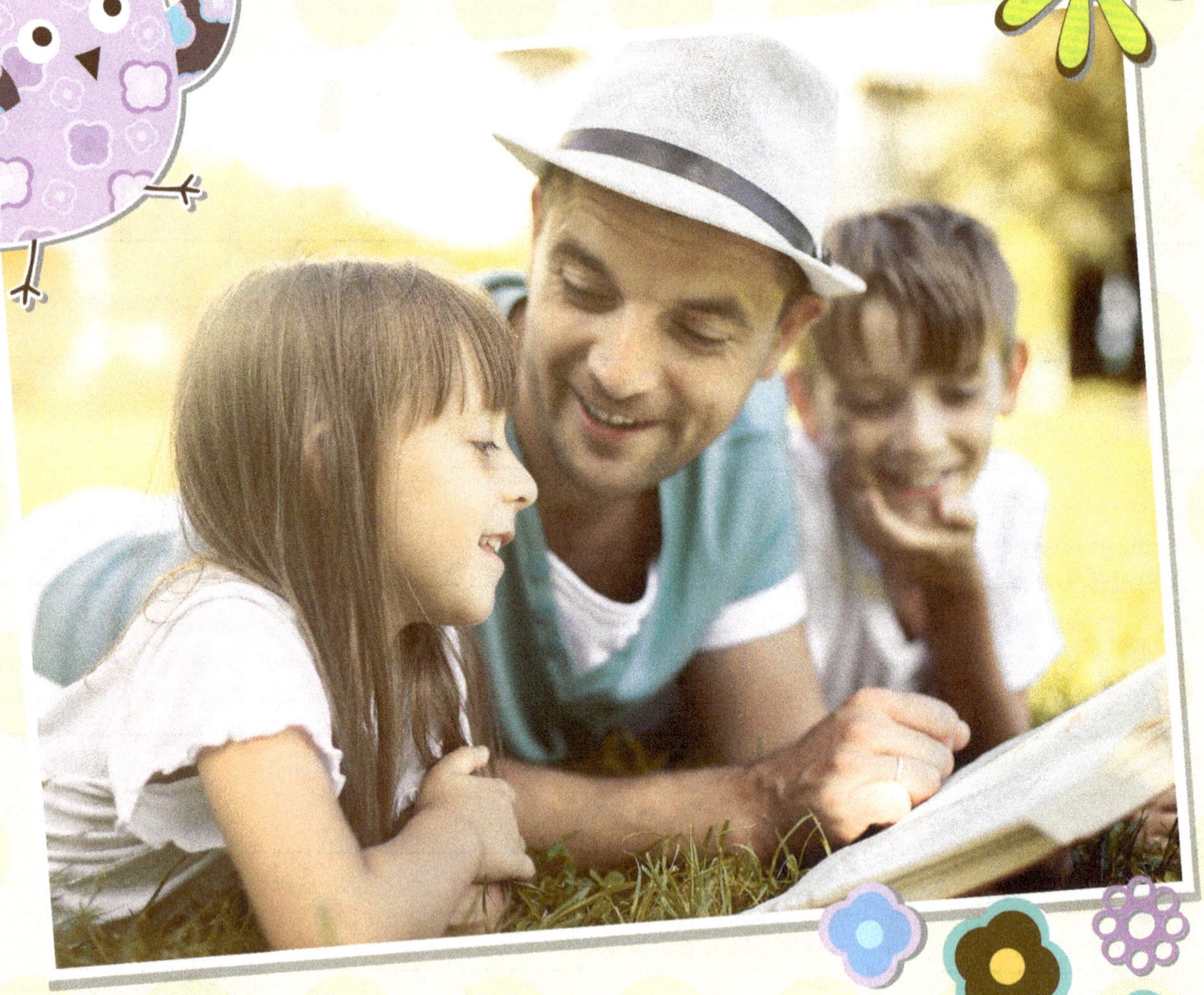

Visit

BABY PROFESSOR
EDUCATION KIDS

www.BabyProfessorBooks.com

to download Free Baby Professor eBooks
and view our catalog of new and exciting
Children's Books

CPSIA information can be obtained
at www.ICGtesting.com
Printed in the USA
LVHW010456210520
656143LV00017B/2431